SHIMADA
JUNKO
STYLE

すべての女性のおしゃれアイコン"島田順子スタイル"って?

もし「島田順子スタイル」というものがあるとするならば、「スタイルがないのがスタイル」ではないかと思っています。あまり構えずそのときの気分でいちばん着たいものを気分よく着る、というイメージです。

たとえばちょっと憂鬱な気分で目覚めた朝、ベッドから起き上がろうとして、さーっと朝日が差し込んだ瞬間。ふっと心が軽くなり、そうだ、日差しが強いからきょうは涼しいイメージでいこう、ノーストッキングにサンダル? じゃあスカート? と連想していってクローゼットをひっかきまわして、あるものでいちばん気分にあうものを身につける。

気をつけるのは、あまり整いすぎないようにすること。たとえばシンプルなスカートならわざとワイルドなトップスをもってくるとか、見えないけれど下着を全部ピンクにするとか。ちょっとだけ崩して、自分がほっとできる部分を作ることが私にとっては重要なんです。何度か洗ったシャツ、すっかり自分のものになったハイヒールなど、履きこなしたアイテムこそ、着こなしをかっこよく見せてくれる魔法のアイテムです。

とにかく、好きなものを自分流に気分よく着る。そんな私の自由奔放なスタイルが、固定観念を捨ててもっとおしゃれを楽しみたい！　と思っている女性たちに、少しでも参考になればうれしいです。

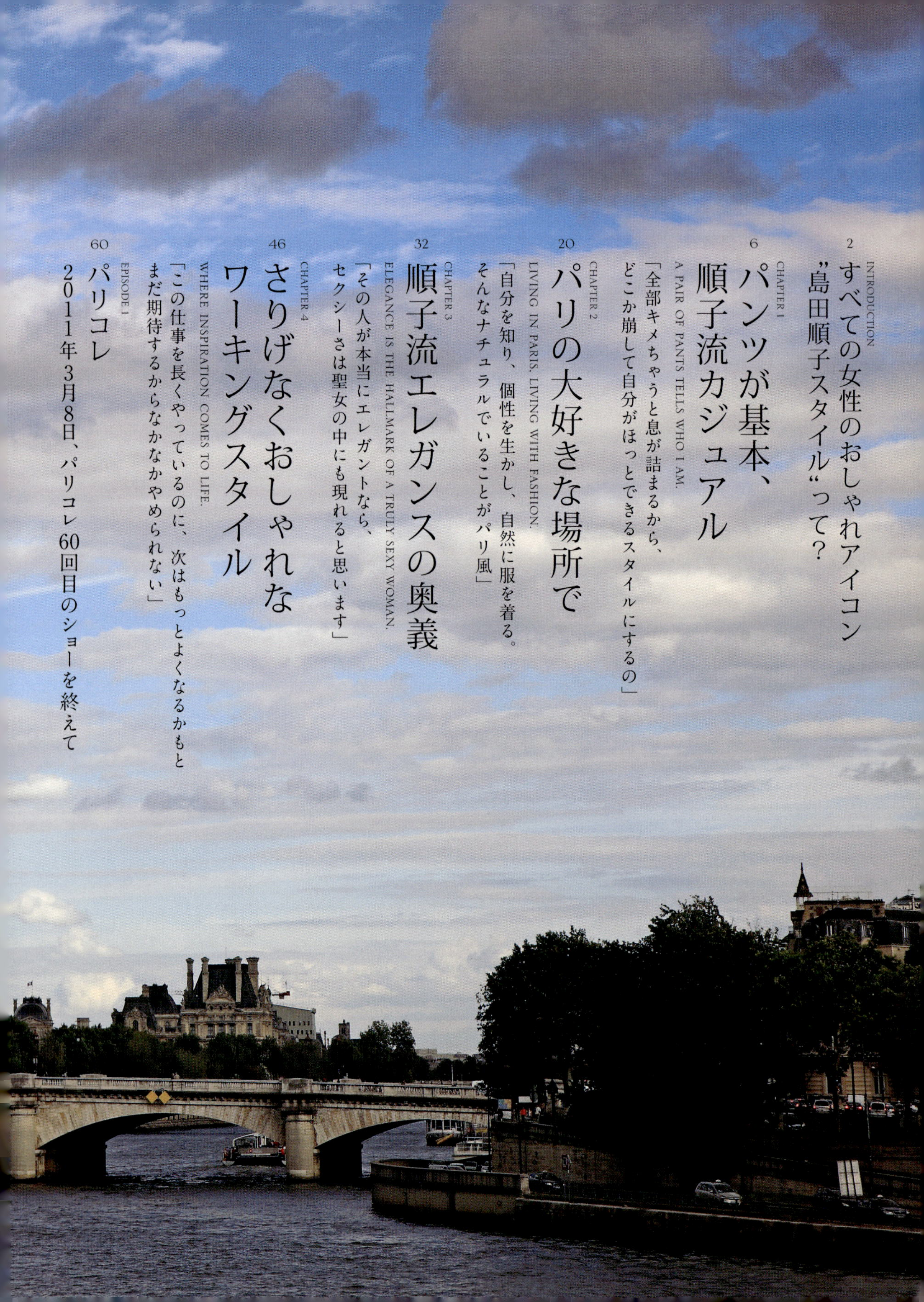

CONTENTS

CHAPTER 1

パンツが基本、順子流カジュアル

「全部キメちゃうと
息が詰まるから、
どこか崩して
自分がほっとできる
スタイルにするの」

A PAIR OF PANTS
TELLS WHO I AM.

研究に研究を重ねたマジックパンツ

「ちょっとカジュアルっぽさを入れないと私らしくない」という順子さんの代表的スタイルは、なんといってもパンツ。『ジュンコシマダ』のパンツはマジックパンツと呼ばれるように、日本人の扁平なお尻を立体的に見せるよう作られています。また目線がポケットにいくよう、さりげない視覚効果で腰回りをきれいに見せる工夫も。まさに七難隠すおしゃれパンツは、年齢とともに気になってくる腰や脚のラインもカバーしてくれます。

順子さんの着こなしは基本的にトップスをインしてベルトを締める、もしくは少し遊び心あるカットソーやニットをシンプルにあわせるスタイリング。ベルト使いが多いのは「ちらっと見えたときにアクセントになるから」。たしかにベルトがワンポイントになって、スタイリングがぐっと引き締まって見えます。足元はローファーやスニーカー、フラットサンダルでマニッシュに。定番のノータックパンツやデニム、パイソンのパンツなど、気に入ったものは何本も同じものを持っているそう。成熟した世代だからこそ、上質なパンツをラフにもドレスアップにも活用する心意気が大切です。

「パンツって怠け者にはありがたいアイテムね。ストッキングをはかなくていいし、肌のお手入れも気にしなくていい」と、意外な利点も教えてくれましたが、パンツスタイルがキマるのは、ゴルフのために始めたストレッチの効果かも！

いつもの
スタイルに
黒をプラスして

『ジュンコシマダ』の定番パンツに、白シャツ、バックルベルト、チロリアンシューズという順子さんのベーシックアイテムをあわせた、スーパー定番カジュアルともいうべきスタイル。それをドレスアップさせた技は、襟ぐりの大きく開いた黒いモヘアのニットをルーズな感じであわせたこと。順子さんが好きなジュリエット・グレコのような、アンニュイでフェミニンな雰囲気になりました。

チェック×パイソンでも過剰にならない品格

パリから車で1時間、フォンテーヌブローの自宅の庭で撮った1枚。定番のジュンコパンツのチェックバージョンに、「自分を守ってくれるから安心する」というパイソンのライダースジャケットをあわせて。柄on柄ですが、そんなの気にしない。しかもさらに大好きなフリルのブラウスだってあわせちゃう。結果、新鮮な大人カジュアルのできあがり！

凛々しいのにフェミニン スーツの無防備な色気

ラインの美しいパンツスーツは、パーティでも普段着でも、さまざまなシーンで着回せる。「パーティのときなどは、パールのネックレスをしたり、胸にバラを一輪挿したり」。シンプルなスーツだからこそ、小物やアクセサリーの演出で個性を表現できる。ハイヒールではなく、J.M.ウエストンのローファーを颯爽とあわせるのも順子流。

1.

2.

3.

4.

1. フォンテーヌブローの自宅のキッチンにて。これから近所のマルシェに行くところ。ジュンコパンツの上にカシミアニットと愛用のレザージャケットを羽織って。ちょっと買い物でも、このカッコよさ！

2. 「Bonjour～」とアトリエに入ってきた順子さん。『ジュンコシマダ』のデニムにレザーのテーラードジャケットという、完璧ワーキングウェアで。ジャケットやバッグの中間色と濃紺デニムが相性抜群。

3. ショーの準備の合い間にスナップしたデニムのコーディネート。「むか～し買ったものよ」というエルメスのスカーフをフロントにあしらったニットと、『49AV.ジュンコシマダ』のレザーダウンをあわせて。

4. ショーが終わってものんびりできません。すぐにインタビューの嵐。ベーシックなベージュのパンツは、カラーコーディネートが自由自在。鮮やかなプリントのワンピースをインして、ローファーとともに。

愛着のある
アイテムで
自分らしく

デニムは何本も持っていて、しかもどれもはきこんでいる。同じく白いシャツも、レザーダウンも肌になじんだもの。ショーの前日、疲労と緊張がピークのときには、ほっとするアイテムだけでまとめてリラックス。

シンプルなパンツだから
おしゃれはさらに楽しい

グレーのパンツがコーディネートしだいで自在に表情を変える。このファーのトップスはミンクを細く切って縫い合わせたカジュアルリッチな逸品。モスクワの空港で買ったスカーフとニューバランスのスニーカーで自分流に。

ワイルドな素材でまとめたリラックス・スタイル

大好きなパイソンのパンツに、トートバッグもパイソン、プルオーバーはスエード、しかもすべて同系色というプレミアムなコンビネーション！　トッズのドライビングシューズが、全体をカジュアルにまとめてくれている。

順子流カジュアルは
パリでも、東京でも

東京のオフィスがある水天宮にて、隅田川を眺めて。
パンツもカシュクールもグレー。
同系色を、黒のベルトとオックスフォードシューズが引き締める。

チノパンだからといって スポーティには着ない

足首が見える丈のチノパンにフリルのブラウスで甘さをプラス。
「普段着でごめんなさ〜い」と言いながら
東京のショールームに現れました。

時には靴がパンツのアクセサリー

右ページ：レザーのパンツには、マニッシュな靴でもなくハイヒールでもなく、ヌーディなグッチのフラットなトングサンダルをあわせて、レザーの重厚さを軽快に見せる。

左ページ：マイケル・コースのプラットフォームサンダルは最近のお気に入り。ストレッチタイプの細身のパンツにほどよい女らしさを加えてくれる。

CHAPTER 2

パリの大好きな場所で

LIVING IN PARIS,
LIVING WITH FASHION.

「自分を知り、
個性を生かし、
自然に服を着る。
そんなナチュラルで
いることがパリ風」

着たいものを着る、だってパリだもの

船と鉄道を乗り継いで初めてパリを訪れたのは45年前。「スッピンで髪を無造作にアップにして、飾り気のないファッションで颯爽と歩くパリジェンヌたちや、街中にあふれる芸術品のような建物に感動したのが、まるで昨日のよう」と順子さんは目を細めます。

現在、自宅は郊外のフォンテーヌブローにありますが、ずっと住んでいたモンマルトルのアパルトマンも仕事が忙しいときに使います。『ジュンコシマダ』のブティックがあるのは8区のサン・フロランタン通りで、チュイルリー公園や大好きなオテル・ド・クリヨンもすぐ。ちょっと足を延ばせばパレ・ロワイヤルにも。「パリではマダムたちも、みんな自由におしゃれをしてる。日本では社会的なステイタスとか年齢がどうとか気にする人が多いけど、思い切って自分が着たいものを着ちゃえばいいのよ。値段にも固定観念にもとらわれず、ミスマッチを楽しんでほしい」

たとえばTVや雑誌を見てこの人素敵だなと思う。ではそれをまねしたら同じになるかといえば、残念ながらNON。「好きなものを手にとるじゃない？　手にとったとき、あ、これ似合うかも、と思ったらそれは絶対着こなせるの。ある年齢を過ぎれば自分がいちばんよく自分を知ってるはず。あまり誰かに憧れる必要はないのよ。パリの女性たちみたいに、おしゃれは自由に楽しむべきものなの」

順子スタイルを発信するブティックにて

「時代の先端をいくモードとは無縁、とにかく気こなしが楽しい、つい着たくなる服を作ってきた」という順子さんのスタイルが発信されるパリのブティック。白いパイピングが美しいセットアップにエルメスのブーツをあわせて。

JUNKO SHIMADA
JUNKO SHIMADA
JUNKO SHIMADA

可憐なドレスが よく似合う 17世紀の回廊

ルーブル美術館からすぐ、17世紀に作られたパレ・ロワイヤルは、回廊にぐるりと囲まれた庭園。ドラマティックなロケーションに似合うのはミニドレス。裾や袖に繊細なオーガンジーのフリルをあしらって、世代を超えた可憐さを湛えます。

「rue」と呼ばれるパリの芸術品を歩く

石畳や壁の柔らかい色は、パリの街の印象をより幻想的に見せる。景色に溶け込みそうな優しい色合いで全身をコーディネート。ボトムは2011-12秋冬のレザーとレースをミックスしたタイトスカート。繊細なニットカーディガンとともに。

パリの夏は
リゾート風な
着こなしで

2011春夏のテーマは「リビエラ」。南仏の港町をイメージしたコレクションから、ショートパンツのルックをチョイス。素足のときは日焼け色のファンデーションにオイルを混ぜて塗るそう。

リボリ通りを渡ればチュイルリー公園。白のロングワンピースに、
ベルトとサンダルの黒をプラス。

秋から冬へ アウター選びも 楽しい

左ページ：自宅があるモンマルトルあたりを散策。冬が近づけば、今年はどんなアウターを着て街を歩こうかと心が躍る。これはダウンをよりエレガントに格上げしたレザーダウン。グッチのブーツも冬には欠かせないアイテム。

2.

1.

大人のかわいらしさが 引き立つ街・パリ

2. パリでどこよりも落ち着くのは、やはり30年前に購入した自宅。ゆったりしたニットだから、ボトムはタイトスカートで緊張感をもたせて。ポインテッドトゥのパンプスは、カジュアルをシックにまとめる大人の必需品。

1. 大好きなオテル・ド・クリヨンの「ル・バー」で、午後のカフェ・タイム。ジャージーにスパンコールを施したスーツにフリルのブラウスをあわせて、きちんとしたスタイルにかわいさをトッピング。

世界でいちばん
トレンチが
似合う場所

アールヌーボーのランプがたたずむアレクサンドルⅢ世橋は、パリの名所。迷彩ジャカードのトレンチコートの襟を立て、アンヴァリッドを背に歩きたい。「トレンチコートは着れば着るほど自分になじむアイテム。好きなスタイルで自分らしく着こなして」

CHAPTER 3

順子流エレガンスの奥義

ELEGANCE IS
THE HALLMARK OF
A TRULY
SEXY WOMAN.

「その人が本当に
エレガントなら、
セクシーさは
聖女の中にも
現れると思います」

決めすぎないこと
自然体なほうがずっとエレガント

服を作るときいつも意識していることは「女性がいくつになってもチャーミングでフレッシュに見えること、そしてエレガンスを少しだけ崩すこと」なのだそうです。え？　エレガンスを崩すって？「コンサバなスタイルが上品とは限らないし、整っていることがエレガンスではないと思うの」

たとえば、仕立てのいいコートにカシミアのセーターを着て、きれいなハイヒールをあわせたら、まとまってはいるけれど魅力には欠ける。そこで、あえてユーモラスなセーターをあわせるとか、思い切ってハデなパンツをはいてみるとか、足元だけローファーでカジュアルにまとめるとか、ちょっとだけセオリーをはずすことで、服は突然いきいきとその人らしい自然体な魅力を放ちます。それこそが本当のエレガンスではないかと順子さんは考えます。そして女性が自然体でいるとき、おのずとセクシーさも漂うのではないかと。

「カトリーヌ・ドヌーブと食事をしたことがあるんですが、大女優なのに気負いなく無邪気で、会話が楽しくて、なんて自然体な人なんだろうって思ったの。マストロヤン二をはじめ、彼女が次々素敵な男性にモテる理由が会ってみてわかった。あのナチュラルなセクシーさに男性はまいってしまうのね。フランス人がみな彼女をエレガントという意味がわかったわ」

ニットの透け感が心まで解放してくれる

右ページ：薄手のニットとフェイクファーのスカートを同色で。下着が透けて、ニットの繊細さがより印象的に見える。ちなみに順子さんはラ・ペルラの下着を愛用。写真上：Vネックのニットは順子エレガンスの真骨頂。

清楚なブラウスに
スパンコールで味付け

フォンテーヌブローの自宅にて、お客様を食事に招く日の装い。白のシャーリングブラウスの襟から少しだけ肩をのぞかせて、スパンコールのタイトスカートで華やかさをプラス。このミスマッチに、招かれた人はサプライズとスペシャル感を味わうに違いありません。家でも気を緩めず、美しく、楽しく生活することが大切、と順子さん。

コンサバなアイテムも自分色に

ノーカラージャケットのセットアップといえば、無難な印象があるアイテム。これは明るい色目に加え、ツイードにシルクオーガンジーのパイピングを施した軽やかなスーツ。インナーにフェザーヤーンを使ったニットタンクトップを着たので、顔映りがさらに華やか。

ちょっとそこまでも
気を抜かないで

ワンマイルウェアだって人の目を意識して。『リミテッド エディション by ジュンコシマダ』のジャージーワンピースは、襟元のドレープと、ほどよいボディコンシャスさとで、日常もエレガントに。

着る人も見る人も幸せ
花柄の魔法

時には思い切って鮮やかなプリントにトライ。2011-12の『ジュンコシマダ』の秋冬コレクションを代表する1枚。アンサンブルで同じ柄のカーディガンもあり。ニットにチュールを重ねて1枚で素材ミックスが楽しめ、襟、袖、裾からちらりと見えるニットが愛らしい。普段はシンプル派なら、さらにインパクト大。胸元のダイヤモンドで輝きもそえて。

シンプルなアイテムも自分流に

右ページ：『PART2 by ジュンコシマダ』のジャージードレスの下に、白シャツを着てアレンジ。わざと首のラインをアシンメトリーに。カジュアルな素材だからハイヒールでドレスアップ。

左ページ：フェザーヤーンを使ったセットアップは、シルバーのラインがモダン。カーディガンに腕を通さず軽く羽織れば、ゴールドのバングルをした腕が見えて軽快&カジュアルに。

大人に似合う
ダイヤ柄と
千鳥格子

右ページ：『49AV.ジュンコシマダ』ではよく登場するダイヤ柄プリント。ジャージー素材ですが、ボディラインを美しく見せるシルエットや、計算された袖丈・裾丈で、エレガントなドレスに。

左ページ：こちらもおなじみ、大きめな千鳥格子柄。ベージュ部分がコットン、黒い部分はウールという素材ミックスのツーピース。テーラードの襟を立てて、かっこよく。

one therapy Sch

心がはずむ
光る服
透ける服

右ページ：2011年3月にランウェイを歩いたドレスは、スエードと黒レースのコンビネーション。光を通すと敬虔であり、セクシーであり。まさに大人のエレガンスを体現したデザインです。

左ページ：P.42にも登場したダイヤ柄ですが、こちらはネクタイに使うようなジャカードを使用しているので、光沢が出て違った表情に。この場合はネックレスをしていないことにも注目。

CHAPTER 4

さりげなく
おしゃれな
ワーキング
スタイル

WHERE
INSPIRATION
COMES TO LIFE.

「この仕事を長く
やっているのに、
次はもっとよくなるかもと
まだ期待するから
なかなかやめられない」

アトリエのあちこちに貼ってあるスタイル画は、スタッフによるイラスト。

Q. ファッションデザイナーは子供の頃からの夢でしたか？

いえ、特には。ただ、小さい頃からおしゃれが好きだったの。母と一緒に仕立て屋さんに行っては「肩に貝ボタンがふたつついている服が欲しい」とか、そんなことはよく言っていましたね。

映画や音楽、ずっとパリに憧れてました

アトリエではパンツが多い。制服のように

北マレのアトリエは2011-12秋冬コレクションの準備で大忙し。おなじみグレーのジュンコパンツにカシミアのニットをイン、ベルトをしめて、くるくるっとストールを巻いて、いつものワーキングスタイルができあがりです。

Q. パリを目指した理由は？

私が行った'60年代はヌーベルバーグの全盛期で、フランスの映画やジャズにとても憧れていたんです。それでとにかく一度はパリに行きたくて。洋服やデザインのことなんて考えてもいませんでした。

Q. 服に関する仕事を始めたきっかけは？

当時住んでいた部屋の近くにUPIの記者やファッション業界にくわしい人が集まるカフェがあって。そこで知り合った方がプランタン・デパートのチーフを紹介してくれ、実習生になれたんです。嬉しかったけど、帰国したら普通に結婚するつもりでした。

フランス女優のような黒いハイネックもお似合い。

パリの人は 気に入ったら 心を開いてくれる

大きく開いた Vネックは ずっと定番

グレー、ブルー、黒、ベージュ…順子さんはいったい何枚のVネックセーターを持っていることか！ストールを巻いたり、肩をずらしたり、時には後ろ前に着たり。ボトムがあわせやすく、最強のワーキングウェアといえそう。

Q. では、真剣にデザイナーを志したのはいつ頃ですか？

実習生を経て、一旦帰国したあとです。泣こうが笑おうが責任は自分にある、そんなフランスの価値観に慣れてしまって、日本の生活が物足りなかったのね。本当にプロになりたいと思い始めたのは、再びパリに渡り、クリエイティブ集団「マフィア」に入社してから。でも入社できたのも、話題の会社を覗いてみよう、くらいの軽い気持ちで訪ねたのがきっかけなんですけどね。本当にいつも計画性がなくて、風に流されるように生きてきたの。

Q.「マフィア」で得たものは？

25年以上も縫製を手がけてきたスタッフたちと打ち合わせ。

仕事場ではフラットシューズ。トッズがお気に入り。

プロ意識の高さに刺激されました。みんな職人や科学者みたいに繊維や染料をイチから作り上げるの。奇抜なデザインを作ることは簡単だけど、それよりも基本的なことが大切なんだと学びました。

Q、パリで仕事をする上で、大変なことは？

パリより日本のほうがずっと大変よ！　言葉がわかりすぎるから。向こうは気に入ったら心を開いてくれるし、本音で接してくれる。でも興味がなければ心を閉ざしたまま。それが正直でいいんじゃない？　閉ざされたら、開いてもらえるように努力すればいいだけのことだから。

顔映りのいいストールも必需品です

鏡も見ないでストールを巻く順子さん。「涼しいから巻く、暑いからとる、それだけだから適当なのよ」といいながらも、「ストールひとつで雰囲気ががらりと変わるから便利。きれいな色や柄を使えば気分も華やぐし」。

2011-12の秋冬を代表するプリントをチェック。

できた服のサイズ感も厳しくチェック。

メンズライクな靴も好き。

なにげにセクシーな服で気分をあげて

「いつだったか思い出せないくらい昔の『ジュンコシマダ』のニット」（順子さん）なのに、いま着ても新鮮。背中がぱっくり開いていて、ひもがクロスに編み上げられている。こういう大人のチラ見せは抜群にかわいい。

Q.『ジュンコシマダ』『49AV.ジュンコシマダ』のショーで表現したかったことは？

普段着みたいな服だから、ショーをやる必要はないんじゃないかと最初は思っていたんですよ。伝えたかったのは、自分を大切にすること。外側だけ着飾ると自分が消えてしまうでしょう。シンプルで、でも時々コケティッシュで、ユーモアがあって、平凡に見えて平凡じゃない。いちばん難しくて、素敵なことよね。

Q.ブランド創立30周年で思うことは？

あっという間にすぎちゃって、何も感じないんです。ダメ？

Q.アイデアを生み続けるた

平凡に見えて平凡じゃない。素敵なことよね

1.

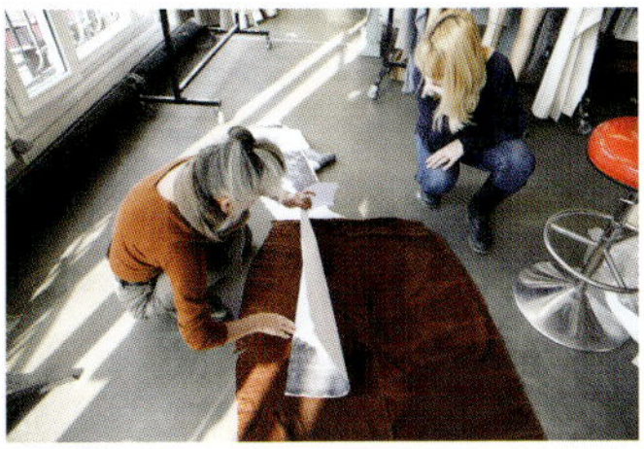

2.

1. バックル付きベルトはここでも活躍。「カジュアルの必需品よ」

2. 届いた生地をチェック。この生地はP.44のドレスに生まれ変わっています。

毎日履く靴は同じ物ばかり何足も買う

昔はいつもテニスシューズを履いていたそう。最近はJ.M.ウエストンのローファーやトッズのドライビングシューズを何足も買ってよく履いています。パンツにハイヒールはほとんどなく、フラットシューズが基本です。

めに大事なことは？
生活の中から生まれてくるので、特別なことはありません。産みの苦しみはあるけれど、失恋のほうがもっと苦しい。

Q. 仕事で興奮することは？
頭の中で描いていたものや色が形になったとき。

Q. 仕事で凹むことは？
しょっちゅうよ！ 原因はたいてい人との感情のすれ違い。そんなときは、一人で歌いながらドライブするの。

Q. これからしたい仕事は？
良いアイデアができてきたら何でもやりたいですね。年齢を理由に諦めたくないし、勇気や力があれば、いつまでも昔のままでいいじゃない？

フリルが好き、女性らしくいられるから

フリルのブラウスは常に定番として作っています。白や黒、ボトムやアウターにあわせて使い分けて。仕事場でパンツにスニーカーというスタイルでも、フリルのブラウス1枚でぐっと気持ちが優しくなるから不思議。

1.

2.

はき心地よいパンツで効率アップ

ヘビーローテーションのグレーのジュンコパンツですが、トップスによって別物に見える万能型。ブラウンやベージュなどの中間色もモノトーンもハデな色もOK。裾の折り返しが太いので脚長効果も。

オフタートルのニットも定番仕事着

首をきれいに見せることにこだわる順子さんは、ボートネック、Vネック以外にオフタートルも愛用します。ゆったりしたドレープとナチュラルカラーが、シャープなラインのジュンコパンツにとてもよくあっています。

1. ショーの前のアトリエの緊張感が伝わってくるカット。入念なチェックをする順子さん。

2. アトリエ中に貼られたデザイン画と写真。打ち合わせしながらつけ加えられたり、変更されたり。

3.

4.

3. フィッティングをするスタッフ。ヘア&メークもチェックしながら次々とアイデアを出します。

4. 今年の秋冬コレクションはアシスタントに頼らずすべて自分でデザインした順子さん。1着1着に思いがあふれます。

細身のデニムと相性のいい大きめニット

ストレッチのきいた細身のデニムに白シャツという、ボーイズライクな組み合わせに、深めのボートネックとゆったりしたサイズ感が特徴のモヘアのニットをオン。ニットからのぞく白シャツの襟がアクセサリーがわり。

'11年3月に行われた
パリコレのインビテーションカード。

ヴィンテージのニットもパンツにイン

フロントにスカーフを貼りつけたエルメスのセーターを、デニムにインして着る潔さ。「体型をカバーするためにルーズに着ようとしないで、いっそピタッと着たほうがかわいく見える」という哲学を実践しています。

EPISODE 1
パリコレ

2011年3月8日パリコレ60回目のショーを終えて。やっぱりこの仕事が好きだって思った

晴れ舞台に選んだのは鮮やかな色のプリント

が、じつはこれトップスではなくワンピース。それをインしてトップスにして着ています。勝負の日だから、もちろん「自分を守ってくれる」クロコのジャケットで。ショーの出来は、順子さんの笑顔を見ればわかりますね。

ESPACE
pierre cardin

collection.

ファーの部分使いも今季の特徴。美しいボディコンシャスのワンピース。ウールキャビアにミンクの襟のワンピース19万９５００円。※グレー、ベージュ、ブラックの３色展開。（ジュンコシマダ）

ムートンコート51万４５００円、中に着たシルクのローズプリントのブラウス３万９９００円、スカート５万１４５０円。※ベージュとピンクの2色展開。（すべてジュンコシマダ）

シルク地に深紅のレースを重ねたレディなワンピース。肩の丸みや五分袖、ウエストのリボンなど、女性らしいディテールが満載。12万６０００円。※ピンクと黒の2色展開。（ジュンコシマダ）

2011-12 A/W

スエードとレースを組み合わせたセクシーで上品なドレス。16万8000円。※ブラウン、ベージュ、ホワイトの3色展開。（すべてジュンコシマダ／ジュンコ シマダ ジャパン問03-5652-5650）

ウールキャビアとレースの組み合わせ。ジャケット9万9750円、スカート8万9250円。※グレー、ベージュ、ブラックの3色展開。（すべてジュンコシマダ）

カシミアニットにレースを重ねたカーディガン12万6000円。※ピンクとグレーの2色展開、シルクのスカート 12万6000円。※ブルーとオレンジの2色展開。（すべてジュンコシマダ）

CHAPTER 5

順子スタイルを完成させる小物マジック

THE MAGIC TOUCH THAT MAKES ALL THE DIFFERENCE.

「ハイヒールが苦手なら、
家でじゃがいものソテーでも
作りながら履く練習して、
それから外に出れば
いいじゃない？」

STOLE

ストール

2.

1.

小物の選び方、使い方、そのセンスを学びたい

順子スタイルに絶対に欠かせないのが、小物の選び方、使い方のセンスです。アクセサリー、ストール、スカーフ、バッグにシューズ、さらに帽子や眼鏡まで、見習いたいことばかり。スカーフはクシュクシュにしてから結ぶ、ロングストールは、なるべくクルクルッと自然に巻きましょう、これが順子さんからのアドバイスです。なんと順子さんは鏡を見ないで巻くのです。それが実にサマになる、さすがです。

そしてアクセサリー選びにはルールがないそうです。基本的には本物が好きだけど、雑貨店やファーマシーで買う、ジャンクなアクセサリーも大好きだとか。後先考えずに気に入ったものをあれこれと買って、それからコーディネートを考えるのが好き。特にミスマッチ的につけるのが楽しいとか。ネックレスはなるべ

4.

3.

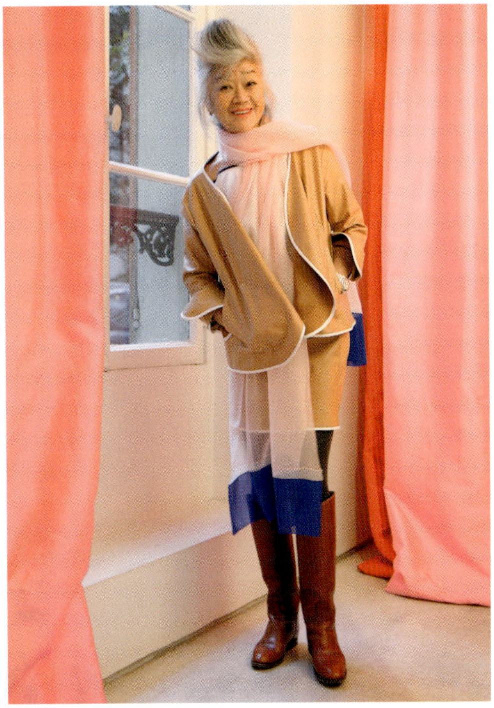

く軽いものを、そしてワンポイントにつける面白いブレスレットがいちばんお気に入り。上質で大切なリングや時計は、ずっと同じ物を長い間、愛用するのも順子スタイルです。シンプルで、何げない服にはアクセサリーは必須アイテムだそうです。

順子マジック? ストール使いの 天才だと思う

1. モスクワの空港で衝動買いした、民芸品の黄色のスカーフ。ミンクを細く切って縫いあわせたトップスに、とてもよくマッチしている。クルクルと巻いてトップスに突っ込むのが順子スタイルです。

2. 薄茶色のカシミアの大判ストール、細く折りたたんでその輪の中へ入れる結び方で。ゴールドのブルゾンとチェックのパンツの茶色に、何げなくコーディネートした感じがカッコいいです。

3. コレクションで使ったモスリンのロングストール、珍しくくしゃっと巻かないで、長くたらしている。裾に強い色が配色された、個性的でエレガントなストール、スエードのセットアップで。

4. かなり上等な薄手のカシミアのストール、同系統の色を何枚か持っているとか。薄手の素材は使いやすいので特に気に入っているらしい。絶妙な巻き方はまねしたくても難しそうです。

1.

HAT

帽子

SUNGLASSES & GLASSES

サングラス & 眼鏡

2.

何げなく選ぶ生活必需品もどこか素敵

1. 帽子も順子さんが好きなアイテムのひとつです。おしゃれ用というよりむしろ日よけのため。ゴルフやバカンスなどでの日焼けは全く気にならないけど、郊外や街中では帽子で太陽をカバーする。市場で購入した麦わら帽子を、バラのアップリケのついたスエット地のスカートに合わせて、ミスマッチを楽しむのだという。

2. 車の運転や読書など、生活必需品の眼鏡やサングラスは、すぐに紛失するので気に入ったら何個も購入するため、数えきれないほど持っています。しかも度の入った眼鏡も、ファーマシーなどで気軽に買ってしまうとか。「日本は凄いわね、眼鏡屋さんで検眼してくれるのね」と、しきりに感心するのが面白いです。サングラスは大きな型、眼鏡はなるべく軽い物を選ぶそう。

上等な物も
ジャンクな物も
どちらも大好き

ETC.

アクセサリー

1. 毛皮がフワッとでている、バッグです。パーティでもデニムにも、ジャケットにもあうのでかなり気に入っているそうです。バッグもこれは何用などと決めないで、いつもノールールで使うのが楽しいのだとか。

2. パリの雑貨屋さんで見つけた、プラスティック製のおもちゃのブレスレット。こういうのは、かわいいと思ったらすぐに買ってしまう。シンプルな服のアクセントになるので、おおぶりなブレスレットはとても重宝している。

3. 左手小指の指輪は、友人の手作りでデザインがとても素敵だと思うとか。右手小指、ひとつはジョン・ディンヴァンの指輪でもう25〜26年以上ずっと愛用している。もうひとつはダイヤ入り。いずれも小指につけるのが好き。

4. 以前にご主人から送られたジャガー・ルクルトの時計。メンズライクな服にもフェミニンな服にも合うので重宝している。蓋が開くスタイルが凄く好きだとか。後ろのゴムのブレスは友人がボランティアのために作ったもの。

5. 友人が持っていたのを見て、すぐに欲しくなり、同じ物をあちこち探してもらったとか。きれいな配色とデザインがいい感じ。ボストン型なので、どんどん物が入るから便利に愛用している。最近は特に出番が多いとか。

2.

1.

3.

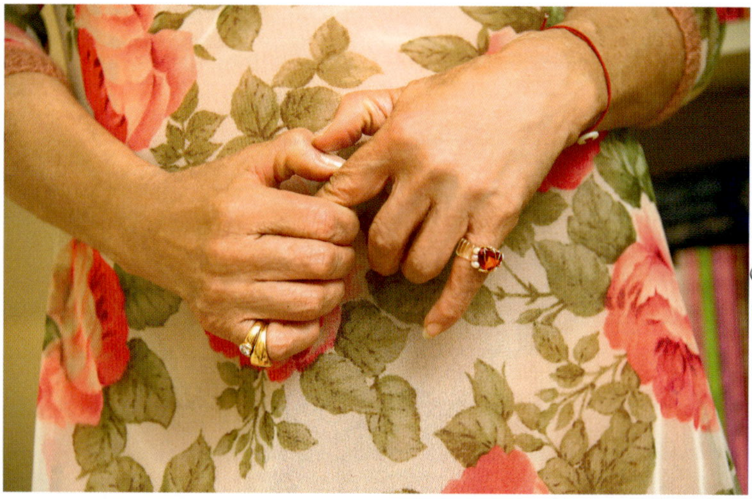

4.

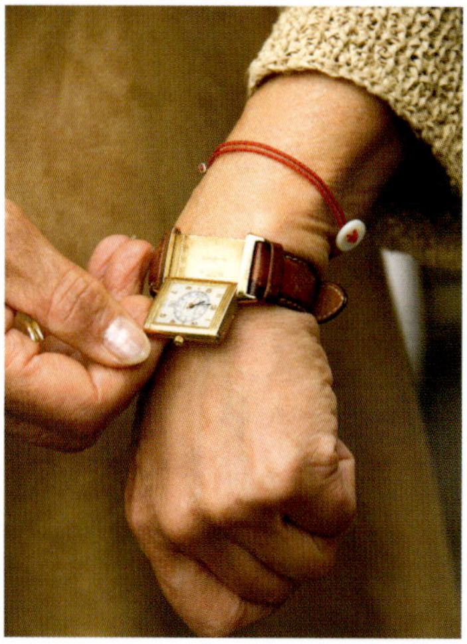

5.

元気が出る
パンチのきいた
アイテムたち

上：2006-07秋冬コレクションで発表したバッグ。とても便利なのでずっと愛用している。このシーズンは同じ型の色違いを、何個か作ってとても好評だった。

下：クロコと並んで、パイソンは永遠に好きな素材。身につけていると何となく元気になれる気がして、安心するのだという。デニムやストレッチのパンツにコーディネート。

BAG & RIDER'S JACKET

バッグ＆ライダースジャケット

持っていると心地いい自分らしい物

上：靴が特に好き。J.M.ウエストンでオーダーした、ボーイズな靴はずっと愛用。そのほかにドライビングシューズやローファーも好き。外出のときはまず靴を先に決めることも。

下：イミテーションパールが縫い付けてあるカジュアルなバッグ。内側がピンクでとてもかわいい。シンプルな服にちょっとデコラティブなバッグをあわせるのもお気に入り。左はパイソンのバッグ。

BAG & SHOES

バッグ & シューズ

いつのまにか
集まった
愛すべき品々

上：帽子掛けにたくさんの帽子が。コレクションしているのでなく、自然に集まった。すべておしゃれ用ではなく防寒、日よけの生活必需品。マーケットなどですぐに購入。

下：いま『ジュンコシマダ』では靴は制作していないので、ハイヒールはマノロ・ブラニク、クリスチャン・ルブタン、プラダなどで買い、スカートに合わせることが多い。中途半端な高さのヒールは嫌いで、思いきり高いかフラットが好み。

HATS & SHOES

帽子 & シューズ

CHAPTER 6

大人の女の特権、コート・スタイル

A SOPHISTICATED STYLE IN COATS.

「明治の女性を
見習いなさい。
着物に着られず、
着こなしている。
着崩しがうまい」

**着物のように
どこかに
少し抜け感を**

「まとう部分が多いから、どこかに抜け感が必要」。つまり着物と同じ論理。襟元や足首などを少し見せるのがポイント。ダブルのコート×パイソンという組み合わせにも注目。

左ページ：2011-12秋冬の『49AV.ジュンコシマダ』のファーコート。ラムとベビーラムの中間のチキアンラムというファーを使用。フード付きなのでカジュアルにも着られて便利。

かわいい大人に似合うアイテム

順子さんというとトレンチコートが思い浮かぶくらい、コート姿が印象的です。どこかへ出かけます、という気負った感じがなく、日常着でちょっとそこまで的な自然な雰囲気。「よく女の子たちに『明治の女性の着付けを見習いなさい』っていうの。着物を着ることに慣れているから、ちょっと襟を広めに開けたり、少しだけ丈を短めにしたり、自分なりの着崩しがとても上手。だからトレンチコートなんかも、3回くらい洗濯機で洗ってから着たら？」。たとえコートであっても、少しくたびれてから無理のない着方で袖を通す。すると、きっと自然な感じで自分らしくいられるはず。「大人の女性のかわいらしさって、いかに自然で、健康的でいられるか、でしょ？ コートはそんなかわいい大人にこそ似合う、上級アイテムなんです」

コートの丈は
バランスを
重視して

コートの下からスカートが長く出ていると見苦しいから、ほんのちょっとだけ見えるバランスを心がけて。光沢あるジャカードコートはフリルのブラウスをあわせて夜の外出に。

左ページ：順子さんの大好きなミンクのファー。本当は前開きの予定だったが、毛皮屋さんが間違って前を全部縫ってしまったという、いわく付き。偶然誕生したファーコートドレス。

花柄プリントで印象がフレッシュに

モヘアのニットにローズプリントのチュールを重ねたワンピースにあわせたのは、アンゴラウールに同じプリントを施したコート。気持ちが華やぐこと間違いなしの組み合わせ。

こちらは麻にゼラニウムをプリントしたコートと、同じ生地のスカート。ブラウスは順子さんが同柄のシルクで自分用に作ったもの。大きな花束を抱えたような装いです。

時にはフェイクファーの気軽さもおすすめ

『リミテッドエディション by ジュンコシマダ』のフェイクファーコートは、裏地がピンク。「下着や裏地がきれいな色だと幸せな気分になれるでしょう？　日本人はシャイだから、そんなおしゃれの仕方もあってるわね」。コートの下にのぞくのはシルクオーガンジーのフリルが付いたワンピース。こちらも控えめながらかわいさたっぷりのトッピング。

シックだけど
華やかな
モノトーン

黒い部分がウール、白い部分がコットンの千鳥格子柄コート。裾から少しだけ見えるスカートもまた千鳥格子。すべてモノトーンなのに、なんともいえない華やかさが漂う。

CHAPTER 7

ずっと好きなもの、それが順子ベーシック

THE BASIC
ITEMS THAT MAKE
JUNKO SHIMADA.

「子供の頃、
海軍の兵隊さんから
もらったコートを直して着てた。
古い服はいまだに
引っ張りだして着るのよ」

denim

無限に広がる
デニムの
着こなし

デニムもたくさん持っていますが、これはご主人のリーバイス。メンズっぽいので、白いフリルブラウスをあわせて女らしさを。デニムのときもベルトはアクセサリーとして活躍。

プレタポルテがあまりない時代、千葉県の館山で育った順子さんの憧れは、海軍の兵隊さんが着る制服でした。「海軍が解散したときにコートを置いていってくれたのね。それを洋服屋さんに持っていって直してもらう。本物だからすごく生地が厚くて、軍のボタンもついていた。私のマリンテイスト好きはそのせいね。いまだにみんな実家に取ってあります」

ティーンになるとアメリカの雑誌『セブンティーン』に夢中になり、フレアスカートの下にペチコートをはいたり、銀座のサエグサでタータンチェックの服を買ったりしたそう。「靴はミハマみたいなぺったんこが好きでした。靴って欲求不満の人が買うっていうけど、私は子供の頃から欲求不満だったのかしら?」

やがてフィルム・ノアールに夢中になりパリへ。髪を自然にまとめて何でもない服を着てるだけなのに、なぜみんなこうもおしゃれなのか驚いた、といいます。「でもね、すぐに気づいたの、基本が違うって。人のまねはよくない、と気づいたから、自分に似合う服を自分で決めた」

そうして生まれた順子スタイル。順子さんがずーっと好きなものはシンプルだけど、女性を本当に美しく、凛々しく見せてくれる力強い味方ばかりです。

好きなものこそ
自分に似合うもの

Boatneck

日本人の首を長く見せるボートネック

順子さん自身、首がコンプレックスだとか。だからもっとも首をきれいに見せてくれるボートネックにこだわります。「首がたるむから枕は使わないほうがいい」

洗いざらし感が
デニムと
白シャツをクールに

何でもない白シャツとデニムでここまでクール! これは全女性のお手本かも。シャツはご主人のもの。何度も洗いざらした風合いが、白シャツの魅力を引き出しています。

white shirt

leather

身につけると安心、爬虫類レザー

「ヘビとかワニは大好き。身につけていると私を守ってくれる気がするから」。クロコやパイソンの服は、順子スタイルの象徴的なアイテム。お守りのような存在なのだそう。

下：こちらはクロコのジャケット。小物まで同系色でそろえてラグジュアリーな素材がカジュアルに見えます。これはショー会場に入るときのスナップ。やはりお守りがわりなのかも。

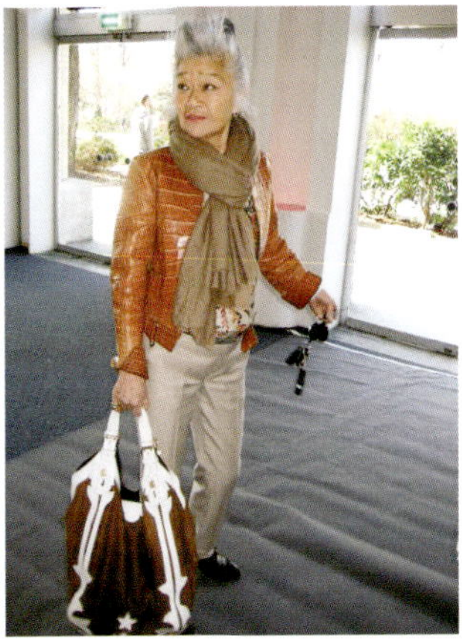

marine

子供の頃から大好きなマリンテイスト。この上下は2011春夏コレクションのアイテムです。シャツはロング丈なのですが、インしてスカートの金ボタンが見えるように着るのが順子流。

Border

故郷を想う マリンとボーダー

こちらも2011春夏、「リビエラ」をテーマにした『49AV.ジュンコシマダ』のもの。フレンチスリーブのTシャツとスカート、カーディガンの3点セット。難しい丈ですが、思いきってフラットシューズでデイリー感を。

check

外出時だけじゃなく
家でもおしゃれを忘れずに

ワンマイルウェアとして作った『リミテッドエディション by ジュンコシマダ』の秋冬もの。子供の頃から大好きなチェックが、大人っぽくよみがえった。ネル素材なので、暖かくて軽く、またフラットカラーなので家事をするときも襟がじゃまにならない。「家にいるとき楽しく過ごすのは大事なことよ。外に出るからおしゃれするんじゃなくて、普段から心がけたほうが服に慣れるから」

fur

ファーは厳寒のパリの素敵な必需品

パリの冬には防寒着が欠かせないが、ダウンだと着るときに表面がひやっとする。だから極寒のときはファーが活躍。特に好きなのは軽くて柔らかいからミンク。「ぬいぐるみを抱いて寝るような暖かさが好きなの」

パリとフォンテーヌブローを往復1時間ずつ、大きな声で歌いながら運転するのが好き。「こういう性格だから、つい正直なこと言っちゃって誤解されたりして凹むことも。そんなときは車の中でひとりになって心を落ち着かせる」

porsche

ずっとポルシェが似合う女になりたかった

小さい頃、千葉から神奈川に渡るフェリーで見かけて以来の憧れの車。ジェームズ・ディーンの『理由なき反抗』を見て影響されて16歳で免許を取ったが、いつか白髪になったらポルシェが似合うかなとずっと夢見ていたとか。

CHAPTER 8

居心地のよい家作り

MY HUMBLE
HOMES IN PARIS AND
FONTAINEBLEAU.

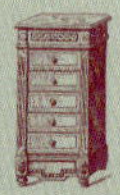

shimada Junko

「家やインテリアは、
その人自身を映しだす
鏡のようなもの」

初めて自分で手に入れた思い出いっぱいのパリの我が家

パリ市内を一望する高い丘、モンマルトル。かつては多くの芸術家が集ったこの街に、順子さんが長く暮らし続けるアパルトマンがあります。

約30年前に運命的に巡り会った物件。「購入後は4つに分かれていた小部屋の壁を取り除き、広いリビングと子供部屋に作り変えました。柱は主要なものだけ残して、その柱もできるだけ広い空間を得るために、構造上ギリギリのサイズまで削ったり」と、たくさんの手間をかけて改装してきた、思い入れの深い住まいです。

お宅の中には、近所のアンティークショップで見つけたバカラのグラス、ミラノへの出張中にギャラリーでオーダーした揃いの椅子、世界中を旅する間に集めてきたシルバー製の動物のオブジェなど、年代もテイストもさまざまなものが並びます。これらがしっくりと渾然一体に溶け合うことで、シャープでいながら温かみを、力強い個性とともにコケティッシュさを感じさせる、順子さんならではの独特な世界観が反映されているのです。

「家は住む人自身を映しだす鏡のようなもの。芸術性の高いデザイナー家具やモダンファニチャーも嫌いではありませんが、統一された完璧な部屋は住人のキャラクターが隠れてしまいそうな気がして。だから私は、高価なものも手頃なものも、値段にかかわらずお気に入りのものだけを集め、好きに飾ってどれも平等に使っています」

ここ最近はベッドを探しているという順子さん。「気に入ったものが見つからないのですが、それもまた楽しくて。いつか理想の一品を見つけて自分のものにするために、もっと仕事に精進しようとやる気の原動力になっています」

美意識が反映された心地よい空間

左ページ：ミラノで注文した繊細な背もたれの椅子や、デザイナーの友人が手がけた優雅なシャンデリアが飾られたダイニングスペース。手に入れた場所や年代は異なっても、順子さんらしくコケティッシュに統一された空間に。

写真上：書斎を飾るモダンなフォルムの白いデスクは、'60年代後半に作られたモーリス・カルカのデザイン。動物モチーフの置き物、ポニーレザーの長椅子や木の床が、未来的なデザインをやわらかく、暖かい雰囲気で包み込んでいます。

PARIS

国籍や時代を超えたテイストミックス

これに合わせて壁のサイズを決めたという大きなガラスケースには、各地で集めたアンティークのクリスタル食器がずらり。横の小さな棚には世界各国で見つけた動物のオブジェが。その奥の螺旋階段は、娘の今日子さん一家が住まう2階部分へと繋がっています。

ひとつひとつに 思い出に残る ストーリーが

旅行が大好き、という順子さん。この木製の棚には日本のものはもちろん、ベトナムや中東など長年の旅で集めてきた思い出の品を中心に飾っています。小さく愛らしい動物モチーフがほとんどで、訪れた人が歓声を上げる癒しの空間。

2.

1.

1. バスルームにはシャンプーなどの実用的アイテムとともに、タイやハワイで見つけた貝殻や珊瑚をさりげなくディスプレイ。「毎日使うプライベートな空間だからこそ、これらを見る度に素敵な旅の記憶が蘇ってくるのが楽しみなの」

2. 洗面所のシンクは蚤の市で見つけて、家の改装前まで倉庫で眠っていたというもの。この見事な艶を保つためにはこまめな手入れが必要ですが、重厚な趣は現代の製品には出せないと大のお気に入り。

キッチンは使いやすさを優先し、モダンで機能的なデザインに改装。白とシルバーに色を統一したことで、広さと清潔感のある印象に。

FONTAINEBLEAU

素の自分に戻れる空間
フォンテーヌブローの家

パリから車で約1時間、18世紀に建てられたお屋敷をリフォームしたものが、現在の順子さんのご自宅。広いお庭を抜けて玄関を入ると、この広々としたリビングが。好きなものがいっぱい詰まった、順子さんの宝物です。

ダイニングルームはお気に入りのスペース。ひとりの時間ができると、ここでカード占いをしながら過ごします。テーブルは、大理石の板に蚤の市で見つけた50フランの脚をつけたお手製。

「ただいま！」。マルシェから戻った順子さんを愛犬たちがお出迎え。ドイツシェパードのバンブーは元気いっぱいの男の子。「柴犬のもみじは2歳の女の子。孫のいまちゃんが生まれたときはずーっとそばをはなれなかったわ。まだ子犬なのに、母性本能たっぷりなのね」

ひとりでも、大勢でも楽しい ダイニングルーム

「撮影終わりました？　じゃあ乾杯しましょう」とシャンパンでおもてなし。大きな箱の中には、ラデュレのマカロンがぎっしり入っていました。2010年にスタートした新ライン、ワンマイルウェアのスカートがよくお似合いです。

3. ゾウとサイを集めたリビングのコーナー。「小さな頃から動物オブジェ、特にぬいぐるみが好き。その影響で大人になっても、コレクションを続けています。クロコダイルやパイソンなど、アニマル素材にも惹かれるの」

4. 乗馬を愛する娘の今日子さんを思わせる、古い絵画。下のテーブルにはガラスの水差しと小さな珊瑚、銀のお盆を並べました。隣には高さの異なる燭台が。楽しげなディスプレイに、順子さんのセンスが光っています。

1. 日の光を浴びて輝くキャンドルスタンドは、長年コレクションするアイテムのひとつ。「クリスタルは、透明感がたまらなく好きで、アンティークショップで見かけるとつい買ってしまいます。増えすぎて困っていますが(笑)」

2. 年代ものの家具が並ぶ部屋は、ダイニングルームとして歴代の住民に使われていた場所。順子さんはキッチン横に作った大きなダイニングスペースで食事をするのが好きだとか。このスペースはニワトリのオブジェをチョイス。

動物モチーフやクリスタルがそこかしこに

リビングにある鏡のコーナー。トナカイの角をアレンジしたテーブルの上に、大好きなクリスタルの燭台を飾りました。両側の椅子は、ホルスタイン柄を選択。

設計から手がけた自慢のキッチン

納屋だったスペースを壊して作った台所は順子さんが設計。右のシステムキッチンはミーレ。左に'70年代の棚を設置しました。出番の多い鍋や道具は手の届きやすい場所に。

パリ郊外の本宅で愛するものに囲まれて

パリから車で約1時間、フォンテーヌブローの森にほど近いブーロンマーロット村に、順子さんがプライベート時間を過ごすお屋敷があります。

18世紀に建てられ、音楽家や文豪が過ごしたというこの家を購入されたのは1988年。当時の印象は「狭く汚い」だったそうです。そこで、納屋を壊してキッチンを広げ、隣に大きなテーブルを置けるダイニングを設置し、壁を綺麗に塗り直し、インテリアも一新。家具、アート作品、小さなオブジェ……時間をかけて、ていねいに集めたものだけを飾る、居心地のよい空間ができあがりました。

室内外の小物やオブジェはほとんどが動物モチーフ。「透明感に惹かれてつい買ってしまう」という、キャンドルスタンド、シャンデリア、バカラのグラスなど、クリスタルのコレクションも充実しています。蚤の市で見つけたグッズ、オークション級の家具など、時代もテイストも異なるモノを上手にミックスするのが、順子さん流インテリア術。高級なものだって、日常的にどんどん使います。

「少しずつ集めているガウディのオリジナル椅子は珍しいアイテム。ダイニングに置いて普段使いしていますが、1脚、犬にかじられてしまいました」

AMPARI

1.

2.

週末には
家族や友人が
集まる家

1. 遠いので泊まって行く人も多い。そんなときはリビングルームの暖炉の前で、夜更けまで順子さんのたのしい語りを聞くことができます。ちなみにこの暖炉は18世紀の陶磁器製という珍品とか。

2. この日はキッチンでディナーをいただいたあと、隣のダイニングルームにてデザートタイム。フルーツやケーキ、コーヒーや食後酒をいただきながら、おしゃべりは第2ステージへ突入。

3.

旬の食材で心のこもった夕食を

4.

3. あなたは野菜を切って、あなたは生姜をおろして、とテキパキ指示。料理をする直前に近所のマルシェへ行き、旬の食材を調達。料理しながらのシャンパンも進み、オーブンからいい香りが漂う。

4. 野菜が大好き、肉も大好きな順子さん、この日の献立は、チキンのソテーと野菜いろいろ、グリーンピースごはんなど。見事な腕前に、会話ははずみ、笑い声は絶えない。

私の愛するハッピー・ハウス

パリ南部の閑静なブーロンマーロット村に、順子さんの愛する住まいがあります。敷地内には母屋とゲストハウスが建ち、広々とした庭には樹齢200年以上の大木が枝をしげらせています。仕事が忙しいときはパリのアパルトマンに滞在し、アトリエへ。そのほかの時間は、この家で愛犬や家族、友だちとのんびり過ごすのが、何よりの楽しみです。

家探しのきっかけは、お嬢さんの今日子さんが乗馬を始めたこと。馬場があるのはほとんどフォンテーヌブローで、この地域に絞り物件を探していたそうです。1988年に不動産会社の紹介でこの場所を訪れたとき、なぜか心が強く引きつけられた順子さん。

「昔は、オペラ作家のジュール・マスネが所有していたそうです。ところが後日、ブーロンマーロット村の歴史について書かれた本を読む機会があって。この家にマスネと交流があったオスカー・ワイルドが、たびたび寄宿していたとあり、とても驚きました。だって、

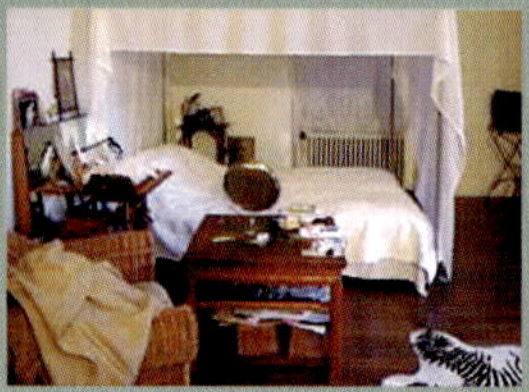

ワイルドは大好きな作家なんですもの!」

魅力を感じて購入したものの、古さが目立ち、手をいれる場所もいっぱいでした。けれど改装工事をすすめるうちに、新たな発見が。屋敷の地下に、中世のチャペルが隠れていたのです。通年ひんやりと涼しく避暑に最適。広さもあり、カクテルパーティを催すのにも、ぴったりだったのです。

母屋の室内には、少しずつ集めた動物のオブジェやクリスタルの小物が心地よく配置されています。ひとつひとつのモノは、手にとってみたくなるほど個性が強いのに、空間全体に統一感が。これも順子さんのすぐれた感性が成せる業なのでしょう。

「ダイニングテーブルは、大理石の板に、蚤の市で見つけた50フランの脚をつけました。椅子はほぼブロカント(古物市)で購入しました」

室内には沢山の椅子。もっとも価値が高いのは、アントニオ・ガウディ作の3脚です。自分への褒美に、と節目ごとに買い足しています。

納屋を工事して作ったキッチンでは、マルシェで仕入れた季節の野菜を、鼻歌まじりに調理する彼女の姿が見られます。台所でも、足元はハイヒール。2010年にスタートした、ワンマイルウエアコレクションを美しく着こなす姿が印象的です。

「家だから、と投げやりな装いをしない主義。家だからこそ、お花のついたスカートをはき、ヒールのあるサンダルで台所に立ちます。それだけで陽気な気持ちで暮らせますよ。私たちの年代は特に、美しく、楽しい生活づくりを大切にするべき、と考えています」

洋服が似合うボディラインを保つため、毎朝のストレッチも、ここ数年欠かせない習慣。以前より痩せたと評判です。また、とてもスタイルのよい順子さんが、常に気をつけているのは「パンティストッキングをはかないこと」。理由は、体が下に落ちる感じがするから。それで、ストッキングにはガーターベルト。これは長年守っているルールです。

「ガーターベルトをつけると、お尻が上がり体も引き締まる感じがします。これが気持ちいい。ブラジャーをつけると、ボディがきりっと締まるような感覚がしますね。それと同じ。大切なことだと思います」

自分らしく、おしゃれも人生も楽しむ、魅力的な順子さん。彼女のまわりにはいつも友だちがいっぱいで、ダイニングルームには笑い声が絶えません。お気に入りのシャンパンはメゾン・ルイナール。ワインカーヴに常備するボトルを抜栓し、バカラのグラスで乾杯すれば、テーブルには作りたての料理が次々と並びます。

楽しいお話と美味しいディナー、心のこもったおもてなしに、ゲストたちはまるで我が家のようにリラックス。夜もふけて、名残惜しくお暇を告げるときには同じ思いがみんなの胸にうかびます。「ふんわりと温かい彼女のもとに、そして故郷のようなこの空間に、また戻ってきたい」。順子さんのように包容力のある、小さな村のお屋敷。ここは誰もが幸せになれる、素敵な場所なのです。

EPISODE 2

いつの時代も輝いている順子スタイルおしゃれヒストリー

時代を経ても変わらず、素敵なスタイルを保ち続けている順子さん、その揺るぎないセンスの秘密を4人の証言から検証！

1990年代に仕事で訪れたトルコのイスタンブールのホテルにて。黒のシャツにスエードのパンツがカッコいい。

同じくイスタンブールにて。プレスでもあった小笠原洋子さんと。何げない無造作な髪型が素敵です。

山本ちえさん
スタイリスト

フリンジがついたスエードのジャケットにタイトスカート、友人の家だったので裸足で2階から下りてきた順子さん、何てカッコいいの！　初めて会ったときの印象です。

それからずっと何十年もお付き合いしていますが、ずっとカッコいいです。それはパリに40年以上暮らしているから、パリ仕込みだからかというと、決してそうじゃないと思う。生まれつき着こなしが上手いんじゃないかなと。とにかくタイトスカートが似合う、シャツをスカートの中にクシャッと必ず入れて、お腹が多少出ていても全く気にしない。好きな物をきちんと食べて、シャンパンを飲んで、無理をしないで気分よく生きている。それが着こなしにも表れている気がします。好きなアイテムもずっと変わらないのも凄い。カシミア、ウエストンの靴、爬虫類、シャツ全て昔から今も愛用されています。

Junko style oshare history

やはり1980年代にパリの自宅でインタビューを受ける。お気に入りのダンガリーシャツにコーデュロイのパンツで。

西山栄子さん

ファッション・コーディネーター

'80年代に順子さんがパリから帰られて初めてのショーがあったとき、百貨店のコーディネーターだったので見に行きました。登場したのは、誰もが知っているアイテムなのですが、とても粋で素敵でした。白のシャツはメンズの延長でなく、細身でボタンのはずし方や、スリムなタイトスカートとのあわせ方が、上品でセクシーなのです。気に入った反面、困ったなとも。当時はまだ何を着るか（何を売るか）の時代で、どう着るかという着こなしの違いが理解されていなかったので、売り場での表現が難しいと感じたのです。

やがて時代が順子さんに追いつきました。クラシック&ベーシックの基本アイテムを、襟や袖口を折り曲げ、スカーフやベルトでおしゃれに着こなすようになりました。日常やカジュアルの素敵を提案し自分のスタイルを作ることを教えてくれた、初めての日本人が島田順子さんだと思います。

2.

1.

3.

1. 1990年代前半、パリコレの打ち上げにて、スタッフと。ボートネックのトップスの肩が落ちている、これもお馴染み順子スタイルです。

2. パリのオフィスにて。仕事もおしゃれも刺激し合った小笠原さんと。シャツの袖をギュッとまくり上げるのも順子風。

3. パリのオフィスにて。シックな黒のタイトスカートで。足元は写っていませんが、素足にローファー。

Junko style oshare history

1980年代の後半、初めてデザインしたゴルフウェアの撮影のため、パリ郊外のゴルフ場にて。この頃からゴルフが大好きになった。休暇で日本に帰ったときも、必ずプレイしたいと思うほど。

ヴァカンスで行ったモロッコのホテルにて。ボディにピタッとフィットしたドレスで。当時、順子さんのボディを強調するドレスは凄い人気だった。

入江末男さん

「IRIE」デザイナー

ジュンコと出会ってからもう40年になります。最初の印象は、シンプルで自然体な人でした。東京でみゆき族だった女の子ではなく、海のそばで育ったナチュラルな女の子だからこそ、パリのエッセンスが自然と身についたのではないでしょうか？

でも、会うと実はファッションの話より恋の話ばっかり。彼女は素直で飾らない性格だから、ラブストーリーは生活の中心です。それが仕事のエネルギーでもあるのだと思います。ただ、恋はいつもうまくいってるわけじゃない。いいときもあればつらいときもある。恋に落ちれば深いVネックでセクシーさをアピールし、失恋すれば赤い口紅で自分に喝を入れる。そんなふうに女性はステップアップしていくんだと、ジュンコを見ていてつくづく学びました。

日本の女性もぜひジュンコの自由な生き方に刺激を受けてほしい。ドキドキは女性のエネルギーになるのだから。

コレクションのスタッフのお揃いのユニホームで。いま見るととてても懐かしい思い出だという。

淀川美代子さん
編集者

島田順子さんに初めてお会いしたのは、パリの順子さんのお宅でした。ひと目でそのスタイルに魅せられてしまいました。こんがりと日焼けした肌に、ボートネックのトップスにタイトスカートで髪は無造作なアップスタイル、そして素足にローファー、たちまちひと目惚れして、私の目指すスタイルはここにあり！と強く思ったのです。

以後ずっと順子スタイルに憧れ続けました。あるときは脚にフィットしたパンツにシャツ、そしてドライビングシューズ、あるときはクロコやパイソンのジャケットに、短いタイトスカートで足元はいつもフラットシューズです。一貫して憧れの素敵なスタイルなのです。基本はトラッドでコンサバ、私もトラッドが大好きなのですが、どうもトレンドにも弱く、その魅力にも打ち勝つことができません。順子スタイルに思いを寄せながら、いつか自分のスタイルを、私も見つけられたらと思うのです。

写真上：当時20歳だったお嬢さんの今日子さんと、パリの自宅にて。日焼けした小麦色の肌に黒のシンプルなニット、ゴールドのネックレスがキラリ。幸せな２人。

写真下：1990年代半ば、パリのアトリエにて。ロングのパールのネックレスは、誰よりも早くおしゃれアイテムに取り入れていたと思います。

Junko style oshare history

島田順子
スタイル

2011年9月8日　第一刷発行
2013年4月19日　第五刷発行

PRODUCER
島田 順子

EDITORS
淀川 美代子
町田 あゆみ

PHOTOGRAPHERS
山下 郁夫 (PARIS)
嶋 陽一 (TOKYO)

WRITERS
安部 律子 (P.98-103)
木戸 美由紀 (P.104-115)
横溝 なおこ (P.48-53)

CORDINATION
中西 千帆子 / TRAFFIC

SPECIAL THANKS TO
CROISSANT PREMIUM

ART DIRECTOR
白 承坤 / PAIK DESIGN OFFICE INC.

DESIGNERS
榎本 剛士 / PAIK DESIGN OFFICE INC.
徳吉 彩乃 / PAIK DESIGN OFFICE INC.
村口 麻衣 / PAIK DESIGN OFFICE INC.

発行者　石崎 孟
発行所　株式会社マガジンハウス
〒104-8003 東京都中央区銀座3-13-10
受注センター　049-275-1811
書籍編集部　03-3545-7030
印刷・製本所　凸版印刷株式会社

ISBN978-4-8387-2309-6 C0095

乱丁・落丁本は小社製作部宛にお送りください。送料小社負担にてお取り替えします。定価はカバーと帯に表示してあります。
マガジンハウスのホームページ　http://magazineworld.jp

島田順子プロフィール

1941年
千葉県館山生まれ

1963年
杉野学園ドレスメーカー女学院デザイナー科卒業

1966年
渡仏

1968年
パリの百貨店「プランタン」の研修室へ入る

1970年
スタイリングとパブリケーションの
二つの部門をもつデザイナー集団「マフィア」に参加

1975年
「キャシャレル」へ入社
同社の子供、紳士、婦人服のチーフデザイナーを歴任

1981年
パリに「JUNKO SHIMADA DESIGN STUDIO」を設立
パリ及び東京にて初めてのコレクションを発表

1988年
東京に「JUNKO SHIMADA INTERNATIONAL」を設立

1996年
日本ファッションエディターズクラブデザイナー賞(FEC賞)を受賞

2011年
パリコレクション60回目、ブランド設立30周年を迎える
パリ在住